トースターで作れる！
食べきりサイズのお菓子

松尾美香
Mika Matsuo

はじめに

お菓子が大好きなんです。
あればあるだけ食べ続けちゃう。
見えないように隠しても、あることはわかっているから、結局なくなるまでやめられない。
それが数日ではなくて、数時間で一気に食べてしまうから困ったものです。
私と同じように「あると全部食べちゃうから困る！」という人もいれば、「たくさん作っても食べきれないから困る……」という人もいますよね。

お菓子は適量を楽しむからこそ、体にも心にも癒しをくれるものだと思います。

お菓子作りは好きだけど余っちゃうことも多くて、
「食べきれるくらいの量のレシピ」があるといいね
というところから、この本作りが始まりました。
少ない量を作れる「食べきりお菓子」です。

1人や2人なら、またあとでちょっと食べられる♪
4人だったら、もうちょっと食べたかったな……。

"ちょっと"と余韻が残るお菓子作りです。
だから！
また作りたくなるし、作ってあげたい、また作ってと言われる。

少ない量だから短い時間でサッと作れて、毎日のおやつに大活躍してくれます。
もちろん、レシピの量を倍にして、多めに作っても大丈夫。
ラッピングしやすいお菓子ばかりなので、ちょっとしたプレゼントにもなります。

混ぜるだけの簡単に作れるレシピもたくさん。
焼くのはトースターなので、子どもの初めてのお菓子作りにもぴったりです。

私は姪っ子や甥っ子が3歳の頃から一緒にお菓子作りをしていました。
もうちょっと泡立てたほうがいいけど……もっとしっかり混ぜたほうがいいのに
……。
そんなことはご愛嬌！（実は言いたいのを我慢しました）
材料が混ざる様子や、オーブンの中で膨らんでいく不思議さ、キラキラした目で
楽しんでくれていたことを思い出します。
自分たちで作ったお菓子は、多少不格好でも大満足。
おいしそうに、そして誇らしげに食べていました。

大人が食べるならレシピ通りのサイズで。
小さい子どものために作るなら、ちょっとサイズを小さくしたり、型（カップ）
に少なめに入れたりして、量を調整するのもいいかもしれません。

この本は『トースターで作れる！』シリーズの3冊目です。
トースターで作れるパンの本、トースターで作れるお料理とおやつの本を出し、
読者の皆様から「オーブンでも作れたらいいのに」と、多くのご要望をいただき
ました。
今回はオーブンで作る場合の温度と時間も記載しています。
ご自宅の台所事情に合わせて楽しんでもらえたら嬉しいです。

さて、そろそろお菓子作りを始めていきましょうか。
みなさんの楽しそうに作っている姿や、焼きあがったときの笑顔が目に浮かぶよ
うです。

焼きあがったお菓子の形や香りを想像しながら、
一緒に楽しくお菓子作りをしていきましょう。

松尾　美香

この本で使う道具

はかり（スケール）

1g単位で正確に計量できるデジタルスケールがおすすめです。

ボウル

直径18cm、15cmくらいのものが使いやすいです。

ふるい

粉はしっかりとふるいましょう。

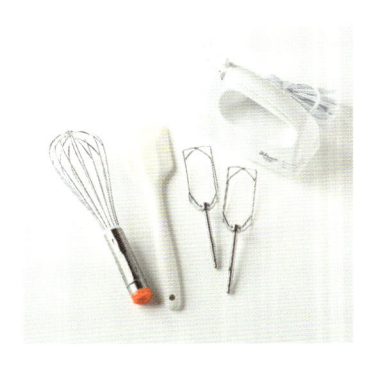

ホイッパー・ゴムベラ・ハンドミキサー

ハンドミキサーはあると便利です。

型（アルミカップ・バット）

レシピのサイズに近いものを使用してください。

アルミホイル

クッキングシートは発火の恐れがあるので、必ずアルミホイルを使いましょう。

スパチュラ・刷毛・めん棒

クリームや溶き卵をぬるときや、生地を伸ばすときに使います。

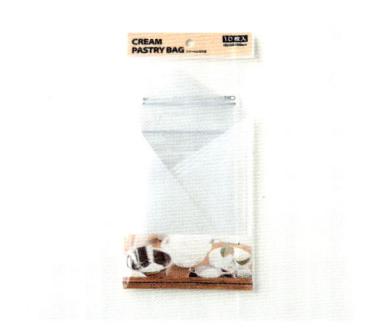

絞り出し袋

マフィンやケーキなどに便利です。専用の袋でなくても大丈夫。

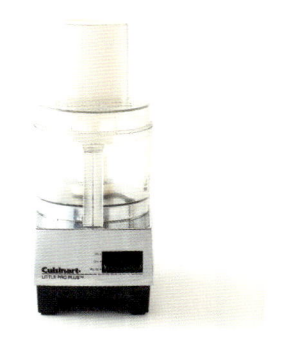

フードプロセッサー

あると便利ですが、なくても大丈夫。P.9も参考にしてください。

この本で使う材料

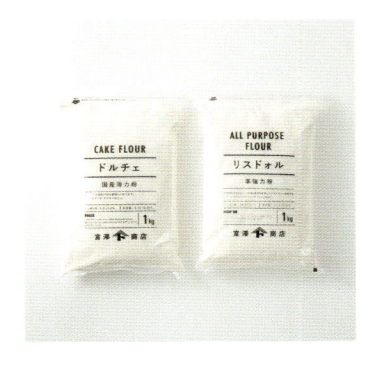

薄力粉・準強力粉

製菓用がおすすめですがスーパーで買えるもので大丈夫。準強力粉は製菓材料店等で購入可能。

アーモンドプードル

皮つき・皮なしがあります。お好みのほうを使ってください。

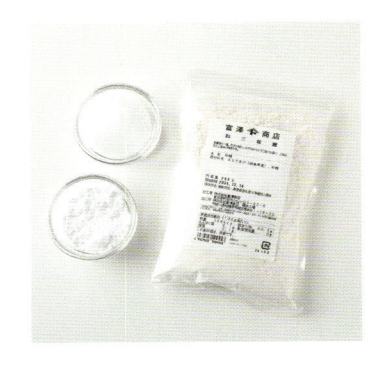

砂糖

上白糖、グラニュー糖、粉糖、和三盆糖など、指定があれば従ってください。

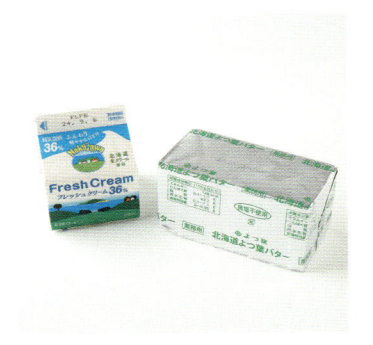

バター・生クリーム

バターは無塩バター、生クリームは脂肪分35％のものを使用しています。

卵

卵はMサイズのものを使用しています。

チョコレート・チョコチップ

製菓用のものがおすすめです。

ナッツ類

生のものを使用しましょう。

ベーキングパウダー

スーパーの製菓材料コーナーで購入できます。

トッピング

チェリー缶、栗の甘露煮、レモンピールやオレンジピールなど。

おうちのお菓子をお店のように仕上げるコツ

計量について

量が少ないので、少しの誤差で味や仕上がりが変わります。必ず正確に計量しましょう。

計量スプーンで計量する場合は、下記を参考にするようにして下さい。

・粉など（きれいにすりきる）　　・さらさらしたものや液体

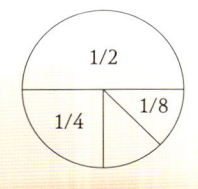 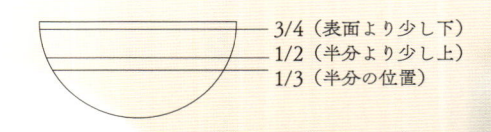

下準備について

最初にすべての材料を量り、下準備を順に済ませるとスムーズに作れます。

・**粉類**は必ずふるう、または合わせて準備しておきましょう。

・**室温に戻したバター**は、指で押すとスーッと入るくらい柔らかい状態です。固いときは温かい場所におく、レンジに10秒ずつかける、手のひらで温めるなどをすると柔らかくなります。レンジにかけるときは、一気にかけると溶けてしまうことがあるので、少しずつ様子を見ます。

・**溶かしバター**を作るときは、耐熱容器に入れてラップをして電子レンジにかけます。水と沸点が違うので「温める」を使用するとあふれることがあります。様子を見ながら、少しずつ温めましょう。

同じサイズの型がないときは

手持ちの型やアルミカップ、トレー、琺瑯バット、耐熱皿でも大丈夫です。アルミホイルで指定サイズの型を作って代用できます。

生地を入れたあとに流れ出ないように、また焼いているときに横に広がらないように、ふんわり丸めたアルミホイルを隙間に置いてストッパーにします。

フードプロセッサーがないときは

ちょっと手間はかかりますが、手で生地を作ることができます。
下記の作り方を参考にしてください。
1 大きめのボウルにふるった粉類と砂糖を入れる。
2 小さくカットしたバターを加え、粉をまぶしながらカードで細かくカット
する。
3 米粒くらいになったら、両方の手のひらで数回擦り合わせる。
4 水分を加え、カードで混ぜ合わせる。
5 ラップに移し平らにする。
※バターは溶けやすいので、1cm角にカットしたバターは、使う直前まで冷凍
庫（他の材料は冷蔵庫）に入れておきましょう。

焼く前の生地は冷凍できる？

タルト生地やクッキー生地は冷凍できます。冷凍しておいた生地は冷蔵庫に一
晩おくか、室温において解凍してから使いましょう。電子レンジでの解凍は避
けてください。

焼き上がったお菓子を冷凍保存したいときは

フィナンシェやマドレーヌ、ガトーショコラやアーモンドケーキなどは冷凍で
きます。1つずつラップをして保存袋などに入れて冷凍しましょう。小さめの
アルミカップで多めに焼いて冷凍しておくのもおすすめです。クッキーなどは、
サクサク感が失われてしまうので焼いた後の冷凍はできません。
食べるときは冷蔵庫に一晩おくか、室温で解凍します。レンジで温める場合は、
必ずアルミカップを外してください。ただし、しばらくおくと固くなってしま
います。すぐに食べるとき以外は一晩おくか自然解凍するようにしましょう。

トースターについて

手持ちのトースターの注意点を守りましょう

機種によって仕様が異なります。必ず取扱説明書に従って使用するようにしてださい。焼くときは、トースターのそばに物をおかないようにしてください。
また焼いている間は、トースターから離れないようにしましょう。

アルミホイルを敷きましょう

アルミホイルはトレーや琺瑯バットからはみ出ないようにします。
紙の型やクッキングシートの使用は避けてください。

予熱を入れてから焼きましょう

レシピに書いてあるタイミングで、トースターに予熱を入れましょう。予熱を入れる時間はだいたい5分くらいです。レシピに記載している温度で空焼きをします。生地を入れたら決められた時間にセットします。
予熱（空焼き）ができないトースターは、焼き時間を2〜3分追加してください。

トースターのタイマーより長く焼く必要のあるメニューもあります。タイマーを最大でセットし、残りの時間を追加します。何分焼いたかわからなくなってしまうことがあるので、キッチンタイマーで焼き時間を測ると便利です。

手持ちのトースターとレシピの
温度表記が異なる場合は？

レシピに書いてある温度がトースターにないときは、近い温度で設定し、レシピの時間通りに焼きます。途中焼き色の様子を見て、温度の上下を調整します。

焼き上がり5分前になったら様子を見ましょう

本書に記載している焼き時間・温度は目安です。また、トースターは予熱を入れるタイミングの違いで、焼き具合が変わってきます。
焼き時間終了5分前になったら、一度トースターに入っている生地の様子を確認するようにしましょう。焼き色が濃ければ、温度を下げる。焼き色が薄ければ温度を上げる、焼き時間を延ばすなど調整するようにしてください。延ばすときは一気に延ばすのではなく、1〜2分ごとに様子を見るようにします。

庫内の小さいトースターは、上部に焼き色がつきやすいです。好みの焼き色がついたら、生地にアルミホイルを被せます。その際アルミホイルがトースターの上部につかないように気をつけてください。

また場所によって焼き色が異なるときは、途中で奥と手前を入れ替えます。必ず軍手（2枚重ね）かミトンをして、火傷には気をつけてください。

この本で使用したトースター

本書ではこちらのトースターを使用しましたが、
もちろんこちらの機種以外のトースターでも作れます。
ご自宅で作る際の参考にしてみてください。

アイリスオーヤマ

スチームカーボントースター
SOT-401-C

庫内が温まりやすいです。焼き
ムラがなく、均一に焼き上がり
ます。少し薄めの色づきで上品
な仕上がりになります。

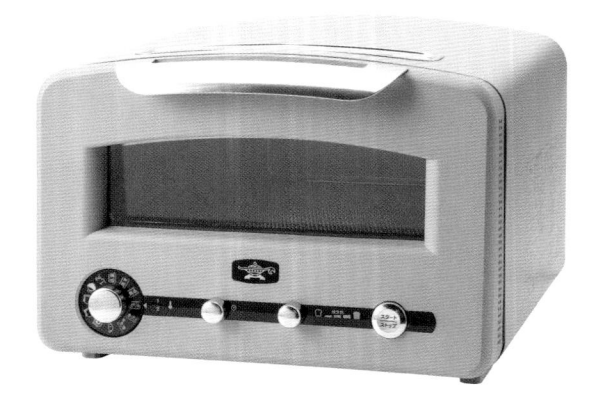

アラジン

グラファイト
グリル&トースター
フラッグシップモデル
AET-GP14B

庫内が温まりやすいです。高さ
のあるケーキも火の通りがよく、
生地全体にきれいな焼き色がつ
きます。付属品に深型・浅型の
2種類のグリルパンがあり、と
ても便利です。

シロカ

オーブントースター ST-211

庫内が温まりやすいです。しっかりムラなく焼き上がります。タイマーが30分まであるので便利です。

タイガー

〈やきたて〉KAM-S131

焼くときは予熱を入れず、焼き時間を2〜3分（大きいサイズは5分）追加しましょう。途中でトレーや型を入れ替えると、よりきれいな仕上がりになります。タイマーが30分まであるので便利です。

※2024年秋以降は
新製品KAM-S132が発売

バルミューダ

BALMUDA The Toaster K11A

庫内が温まりやすく、焼き色もしっかりつきます。高さのあるケーキも火の通りがよいです。付属のトレーはありませんが、別売りの琺瑯バットが型としても使えて便利です。

Part1

毎日食べたい
クッキー

American Cookies

アメリカンクッキー

あっという間に作れる、覚えておくと便利なクッキー。
みんな大好き定番の味。

[材料／直径6㎝ 約6枚分]

無塩バター	40g
粉糖	25g
卵	20g
薄力粉	50g
チョコチップ	20g

[下準備]

・バターを室温に戻す。
・薄力粉をふるう。
・卵をよく溶く。
・トレーにアルミホイルを敷く。

[作り方]

1 バターをゴムベラで柔らかくし、粉糖を加えてホ
  イッパーで白っぽくなるまで混ぜる。

  オーブンの場合180℃で予熱する。

2 卵を2〜3回に分けて加え、その都度よく混ぜる。
  （写真A）

3 薄力粉を加え、ゴムベラでなでつけるように混ぜ
  合わせる。

4 薄力粉が半分くらい混ざったら、チョコチップを
  加えさらに混ぜる。（写真B）
  ❖トースターを180℃で予熱する。

5 スプーンですくって小さな山型におき、180℃で
  20分焼く。（写真C）

  オーブンの場合180℃で15〜18分焼く。

Tips

アルミホイルに生地を
こんもりのせて。
焼いていくうちに
広がっていきます。

A
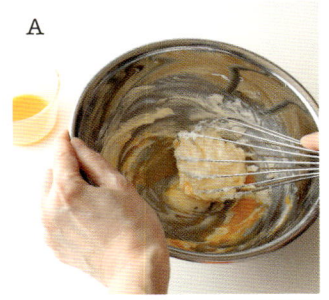

B

C

Langue de Chat

ラング・ド・シャ

「猫の舌」という名前の軽いクッキー。
小さく絞ると周りのカリカリ感が増えます。

[材料／直径5.5cm 9枚分]

バター ································ 30g
粉糖 ································ 30g
卵白 ································ 30g（約1個分）
薄力粉 ································ 30g

卵白はホイッパーを
左右に振って、
泡立てないように混ぜましょう

[下準備]

・バターを室温に戻す。
・薄力粉をふるう。
・トレーにアルミホイルを敷く。

[作り方]

1 バターに粉糖を加え、白っぽくなるまでホイッパーで混ぜる。

> オーブンの場合170℃で予熱する。

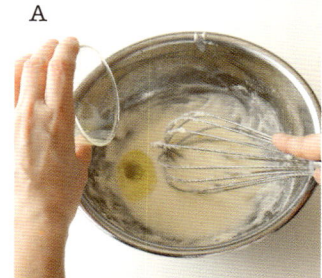

2 卵白を少しずつ加え、その都度よく混ぜる。（写真A）

3 薄力粉を加え、ゴムベラで混ぜる。
  ✦トースターを170℃で予熱する。

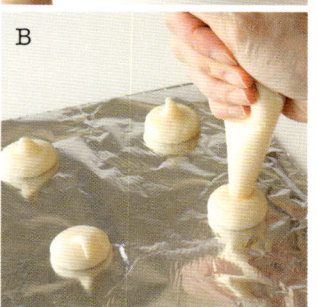

4 絞り袋に入れて袋の先1cmをカットし、1.5cmの丸に絞る。（写真B）

5 少し高いところからトレーを落とし、生地を広げる。トレーがない場合は網などにのせて行う。（写真C）

6 170℃で7〜9分焼く。

> オーブンの場合170℃で6〜8分焼く。

Tuile & Sesame Tuile

Marble Cookies

チュイル

余った卵白でサッと作れるのが嬉しい！
噛みしめるほどじんわりおいしい。

[材料／直径 6 ～ 7 cm 13～15枚分]

卵白 ──────────── 30g（約 1 個分）
グラニュー糖 ────── 33g
薄力粉 ──────────── 15g
バター ──────────── 13g
アーモンドスライス ── 50g

[下準備]

・バターを耐熱容器に入れてラップをし、500Wの
　レンジで20秒加熱を数回繰り返して溶かす。
・薄力粉をふるう。
・トレーにアルミホイルを敷く。

[作り方]

1 卵白のコシをホイッパーでよく切る。（写真A）

2 グラニュー糖を入れてホイッパーで混ぜ、薄力
　粉を加え混ぜる。（写真B）

3 溶かしバターを入れてよく混ぜる。

4 アーモンドスライスを加え、ゴムベラでざっく
　り混ぜる。（写真C）

5 冷蔵庫で30分以上休ませる。
　✦冷蔵庫から出す前にトースターを180℃で
　予熱する。

> オーブンの場合 冷蔵庫に入れてから
> 180℃で予熱する。

6 ティースプーン 1 杯分ずつ間隔をあけてのせる。
　（写真D）

A

B

C

D
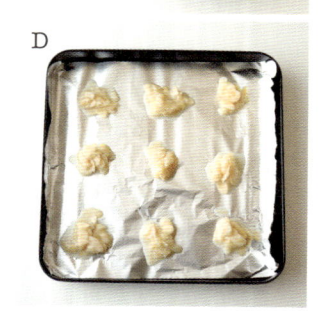

7 水で濡らしたスプーンの背で薄く広げる。(写真E)

8 180℃で10〜13分焼く。

> オーブンの場合 180℃で10分焼く。

Tips

はがすときは
アルミホイル側から
はがすときれいに
外れます。
焼きたてをめん棒に
のせて、カーブを
つけると本格的。

ゴマのチュイル

トースターからただようごまの香りと
滋味深い味がたまりません。

[材料／直径 6 〜 7 cm 13〜15枚分]

卵白 ……………………… 30g(約1個分)
グラニュー糖 …………… 33g
薄力粉 …………………… 15g
バター …………………… 13g
白ごま …………………… 50g

[作り方]

チュイルと同じように作り、アー
モンドスライスではなく白ごまを
加えます。

マーブルクッキー

冷凍しておけば食べたい量だけ切って焼けるのが嬉しい。
今日は何切れカットして焼こうかな？

[材料／直径4.5cm 12〜13枚分]

バター	50g
粉糖	40g
塩	小さじ1/8
卵	45g

A
- 薄力粉 …… 55g
- ベーキングパウダー …… 小さじ1/4
- アーモンドプードル …… 30g

ココア …… 4g（小さじ2）

[下準備]

・バターを室温に戻す。
・卵はよく溶き、室温に戻す。
・Aの薄力粉とベーキングパウダーを合わせて
　ふるい、アーモンドプードルを加えよく混ぜる。
　1/3量をとりわけてココアをふるい混ぜる。

[作り方]

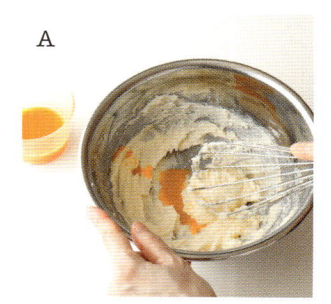

A

1　バター・粉糖・塩をホイッパーで白っぽくな
　るまで混ぜ、卵を少しずつ加えて混ぜる。（写
　真A）

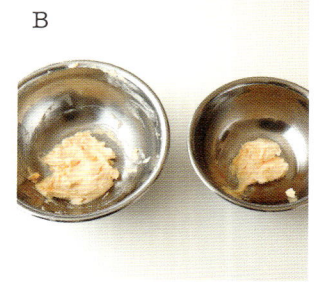

B

2　混ざったら2/3量と1/3量に分ける。（写真B）

C

3　2/3量に2/3量のAを入れ、ゴムベラでなで
　つけるようにして粉けがなくなるまで混ぜる。

4　1/3量にココアを混ぜたAを加え、同じよう
　に混ぜ合わせる。（写真C）

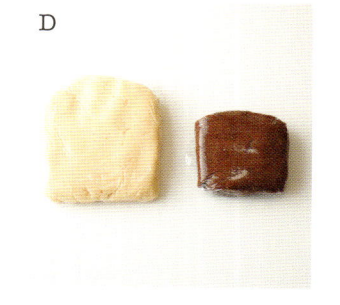

D

5　それぞれラップに包み、冷蔵庫で2時間休ま
　せる。（写真D）

6 プレーンの生地を手で軽く広げ、ココア生地
をちぎってのせる。（写真E）

7 2〜3回ねじったら二つ折りにして、マーブ
ル状にする。（写真F）

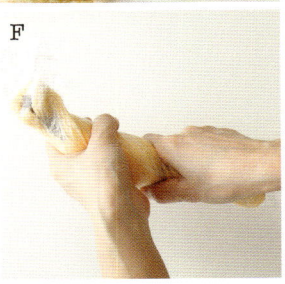

8 台の上で転がして直径4cmくらいに伸ばし、ラ
ップに包んで冷凍庫で一晩休ませる。（写真G）

9 ✂ トースターを180℃で予熱する。

> オーブンの場合 冷凍庫から出す20分前に
> 180℃で予熱する。

厚さ7mmにカットする。（写真H）

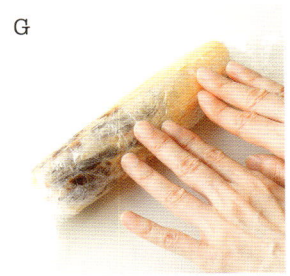

10 アルミホイルを敷いたトレーに並べ、180℃
で15分焼く。

> オーブンの場合 180℃で12〜14分焼く。

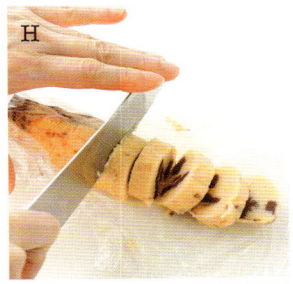

Tips

ねじる回数は抑え気味に。
8の状態で冷凍しておけば
1か月はもつので、
食べたいときに
好みの量だけカットして焼ける
便利なクッキーです。

Snowball Cookies

Galette Bretonne

スノーボール

たまにはちょっと贅沢な材料で。
口のなかでほろっとほどけます。

[材料／直径3.5cm 約7個分]

バター	………………	30g
ピスタチオ	………………	20g
和三盆	………………	15g
A	薄力粉 ………………	50g
	強力粉 ………………	40g
オリーブオイル	………………	12g
和三盆（まぶす用）	………	適量

[下準備]

・バターを室温に戻す。
・Aを合わせてふるう。
・ピスタチオを細かくカットする。

[作り方]

1 バターを柔らかく練り、和三盆を加えてしっ
かり混ぜ合わせる。（写真A）

> オーブンの場合170℃で予熱する。

2 ピスタチオを加えてざっくり混ぜたら、粉類
を加え、切るように混ぜる。（写真B）

3 オリーブオイルを加え混ぜる。（写真C）
✦トースターを170℃で予熱する。

4 ラップに包んでひとまとめにし、直径2セン
チの棒状にして2cm幅にカットする。（写真D）

A

B

C

D

5 手のひらで丸め、アルミホイルを敷いたトレーにのせて170℃で30分焼く。(写真E)

オーブンの場合 170℃で30分焼く。

全体がうっすらときつね色に色づいたら焼き上がり。(写真F)

6 粗熱が取れたら、和三盆をまぶしつける。(写真G)

ガレット・ブルトンヌ

フランス　ブルターニュ地方の厚焼きクッキー。
サクサクとくずれるような食感とラムの香りが大人の味。

[材料／直径 6 ㎝ 4個分]

バター ……………………… 60g
グラニュー糖 ……………… 30g
卵黄 ………………………… 1/2個分
　＊残りの卵黄は塗る用に使います。
ラム酒（あれば）………… 3g（小さじ1/2）
塩 …………………………… 小さじ1/8
薄力粉 ……………………… 50g
アーモンドプードル …… 15g

使用した型／アルミ箔ガレ
ット（6㎝）（富澤商店）

[下準備]

・薄力粉をふるい、
　アーモンドプードルと合わせておく。
・バターを室温に戻す。

[作り方]

1 バターとグラニュー糖を白っぽくなるまです
り混ぜ、卵黄を加えてよく混ぜる。（写真A）

2 ラム酒と塩を加えてざっくり混ぜる。

3 薄力粉とアーモンドプードルを加え、粉気が
なくなるまで混ぜる。（写真B）

A

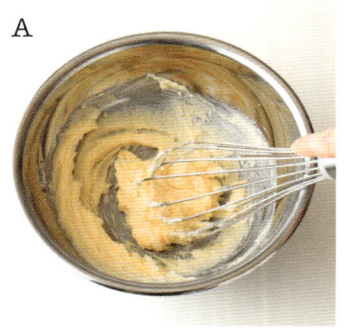

B

4 ラップでつつみ、冷蔵庫で1時間以上休ませる。（写真C）

> オーブンの場合 冷蔵庫から出す20分前に190℃で予熱する。

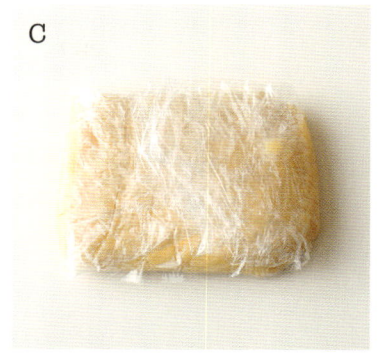

C

5 めん棒で厚さ8mmに伸ばし、直径5cmのセルクル型で抜く。（写真D）
✤ トースターを180℃で予熱する。

> オーブンの場合 190℃

＊セルクル型…底のない型のこと。ここでは丸型を使用。

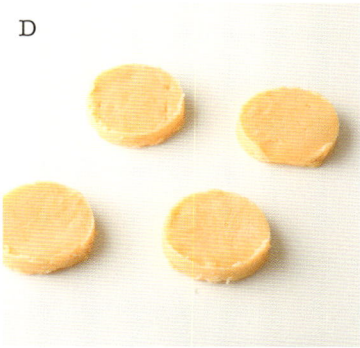

D

6 型に入れて生地の残りの卵黄を塗り、乾いたらまた塗るのを2回くらい繰り返す。（写真E）

7 フォークで筋をつけ、180℃で10分焼き、150℃に下げて10分焼く。

> オーブンの場合 190℃で5分焼き、180℃で10分焼く。

E

Tips

フォークで筋をつけるときは
しっかりと。
余った生地はひとまとめにして
冷蔵庫で30分休ませてから、
めん棒で3mmに伸ばして
同様に作ります。

F

Roche Coco

ロッシュ ココ

ココナッツの風味とカリカリした食感がたまらない。
ココナッツファインのロングで作るとまた違った食感に。

[材料／高さ3cm 9個分]

ココナッツファイン ……………………… 60g
グラニュー糖 ……………………………… 40g
卵白 ………………………………………… 30g（約1個分）

[下準備]

・トレーにアルミホイルを敷く。

[作り方]

1 ココナッツファイン、グラニュー糖をざっくり混ぜる。

> オーブンの場合170℃で予熱する。

A

2 少しずつ卵白を加えながらホイッパーで混ぜる。（写真A）
　✦トースターを170℃で予熱する。

3 三角錐になるようにギュッと押し固めながらおく。（写真B）

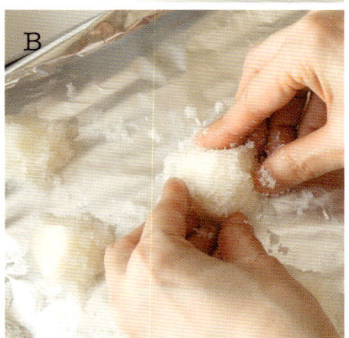
B

4 160℃で10分焼き、150℃に下げて15分焼く。（写真C）

> オーブンの場合170℃で20分焼く。

Tips

てっぺんが焦げてきたら、
少しずつ温度を下げて様子を見ましょう。
下げられないときは、
扉を30秒くらい開けてから再加熱します。

C

Baci di Dama

Four Sec Chocolat

バーチ ディ ダーマ

"貴婦人のキス"という名のイタリアのお菓子。
ミルクたっぷりのコーヒーと一緒に。

[材料／直径4cm 約7個分]

A ┌ 薄力粉 ──────── 30g
  │ アーモンドプードル ──── 30g
  └ グラニュー糖 ─────── 30g
バター ──────────── 30g
ビターチョコレート ────── 30g

[下準備]

・バターは1cm角にカットし、
　冷凍庫に入れておく。

[作り方]

1 Aをフードプロセッサーに入れて撹拌し、バ
　ターを入れる。（写真A）

2 バターを加え、ひとかたまりになるまで撹拌
　する。（写真B）

3 丸めてラップに包み、1時間冷蔵庫で休ませ
　る。（写真C）

> オーブンの場合 冷蔵庫から出す20分前に
> 160℃で予熱する。

4 3を冷蔵庫から出し、8mm角にカットする。
　（写真D）
　✦トースターを160℃で予熱する。

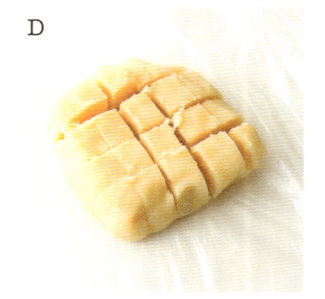

5 丸めてアルミホイルを敷いたトレーに並べ、
160℃で20分焼く。（写真E）

> オーブンの場合 160℃で20分焼く。

6 焼けたら冷まし、同じくらいの大きさのクッ
キーを2つずつペアにする。
ビターチョコレートは耐熱容器に入れてラッ
プをし、500Wのレンジで40秒加熱を数回繰
り返して溶かす。

7 ビターチョコレートが流れない程度の固さに
なったら、ペアの片方のクッキーの底面につ
ける。（写真F）

8 少し固まったら2個重ねにして冷蔵庫で休ま
せる。（写真G）

Tips

しっかり冷やしてから丸めましょう。
フードプロセッサーがない場合は、
p.9の作り方を参考にしてください。

フール セック ショコラ

ほんのり塩気とスパイスがあとひく大人のクッキー。
上品なひとくちサイズなので食後酒と合わせても。

[材料／4.5×3.5cm 厚さ1.5cm 約22個分]

バター	………………	50g
粉糖	………………	50g
塩	………………	小さじ1/8
卵黄	………………	1個分
牛乳	………………	5g
チョコレート	………………	35g
A	薄力粉 ………………	100g
	シナモン ………………	小さじ1/4
	ベーキングパウダー ………	小さじ1/4

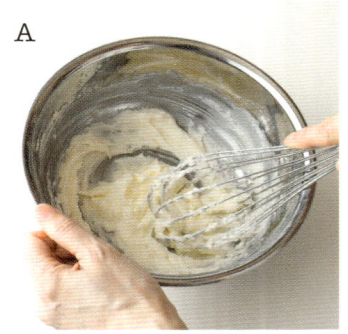
A

[下準備]

・バターと卵黄は室温に戻す。
・Aを合わせてふるう。
・チョコレートを5〜8mm角にカットする。

・トレーにアルミホイルを敷く。

B

[作り方]

1 バター、粉糖、塩を白っぽくなるまでよく混ぜる。（写真A）

2 卵黄を加えてよく混ぜ、牛乳を加えて混ぜる。（写真B）

3 チョコレート加えてゴムベラで混ぜ合わせる。（写真C）

C

4 Aを加え、しっかりと混ぜたらひとまとめにしてラップで包む。（写真D）

5 めん棒で伸ばして厚さ1cm、幅15×7cmくらいの長方形にととのえ、冷蔵庫で2時間ほど冷やし固める。

> オーブンの場合 冷蔵庫から出す20分前に170℃で予熱する。

6 生地を半分にカットする。（写真E）
✦トースターを170℃で予熱する。

7 さらに1cm幅にカットする。（写真F）

8 カットした面を上にして並べ、170℃で15分焼く。（写真G）

> オーブンの場合 170℃で15分焼く。

D
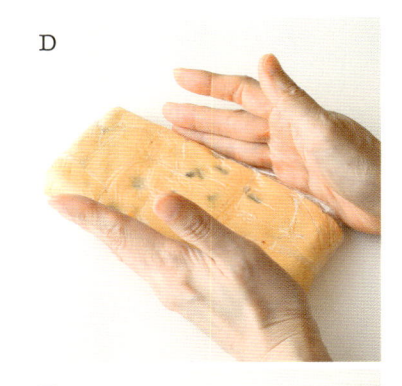

E

G
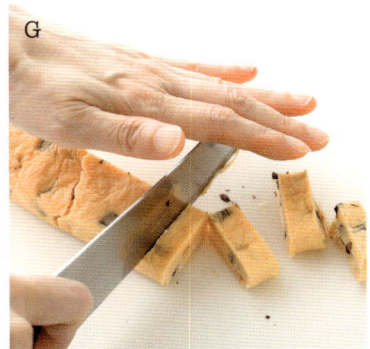

G
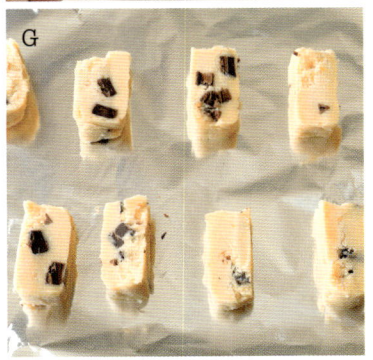

Florentin

フロランタン

キャラメルとアーモンドが香ばしい、
上品なフランス菓子は何個でも食べたくなっちゃう。

[材料／14×19cm]

パートプリゼ

A
薄力粉	………	100g
グラニュー糖	………	20g
塩	………	小さじ1/8

バター ……… 50g
卵 ……… 25g

キャラメルナッツ

生クリーム ……… 40g
はちみつ ……… 30g
グラニュー糖 ……… 20g
バター ……… 20g
塩 ……… 小さじ1/8
アーモンドスライス … 70g

[下準備]

・バターを1cm角にカットし、
　冷凍庫に入れておく。
・卵をよく溶く。
・アーモンドスライスは160℃のトースターで
　10分間焼く。

[作り方]

A

1 パートプリゼを作る。Aをフードプロセッサーに入
　れ混ぜ合わせる。バターを加え、粉チーズくらいに
　なるまで撹拌する。（写真A）

B

2 卵をたらすように少しずつ入れながら撹拌する。
　（写真B）

3 3〜4個くらい塊ができたら止める。（写真C）

C

4 ラップの上に置いて少し平らにして包み、冷蔵庫で
　一晩休ませる。

> *Tips*
>
> フードプロセッサーがない場合は、
> p.9の作り方を参考にしてください。

5 生地をめん棒で厚さ 5 mm くらいに伸ばし、アルミホイルにのせて冷蔵庫で15分休ませる。
✣冷蔵庫から生地を出す 5 分前に
　トースターを180℃で予熱する。

> オーブンの場合 生地を伸ばす前に
> 180℃で予熱する。

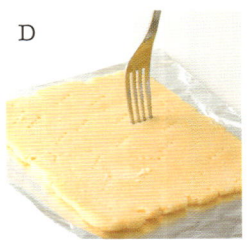

6 生地全体をフォークで数カ所刺し、180℃で15分焼く。
（写真D）

> オーブンの場合 180℃で15分焼く。

焼けたらトレーにのせたまま冷ます。

7 キャラメルナッツを作る。

8 鍋に生クリーム・はちみつ・グラニュー糖・バター・塩を入れ中火にかける。（写真E）

> オーブンの場合 170℃で予熱する。

9 全体が溶けたら中弱火にし、ヘラで混ぜながら煮詰める。流れない程度になったら火を止める。（写真F→G）

10 アーモンドスライスを加え、手早く混ぜる。（写真H）
✣トースターを170℃で予熱する。

11 6 の上に均一に広げ、キャラメルが流れないようアルミホイルの端を立てて170℃で18分焼く。（写真I）

> オーブンの場合 170℃で15分焼く。

12 少し冷まし、好みの大きさにカットする。

Tips

仕上がりを切るときは、
包丁を上から押さえるようにして切ると
うまく切れます。

Part 2

トレーや
アルミカップで作る
小さな焼き菓子

Scone

Recipe

スコーン

朝食やおやつに大活躍！
フードプロセッサーならすぐに作れます。

[材料／4〜5個分]

A ┌ 薄力粉 ……………… 125g
  │ ベーキングパウダー …… 6g
  │ 砂糖 ………………… 10g
  └ 塩 ………………… 小さじ1/8
バター ………………… 40g
卵 …………………………… 1個
牛乳 …………………………… 10g

[下準備]

・バターは1cm角にカットし、冷凍庫に入れておく。
・トレーにアルミホイルを敷く。

[作り方]

1 Aの粉類をフードプロセッサーに入れ撹拌する。

オーブンの場合210℃で予熱する。

2 バターを加え、サラサラになるまで撹拌する。（写真A）

3 卵と牛乳を少しずつ加え、混ぜ合わせる。（写真B）
フードプロセッサーがない場合は、p.9の作り方を参考にして作る。
✧トースターを210℃で予熱する。

4 写真のようにまとまったら、めん棒で厚さ1.5cmに伸ばす。（写真C）

5 5〜6等分にカットし、210℃で15〜18分焼く。（写真D）

オーブンの場合210℃で15分焼く。

A

B
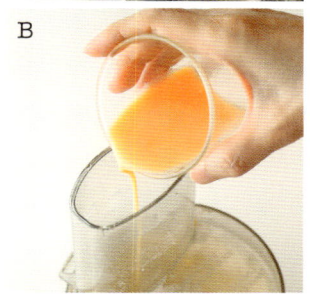

C
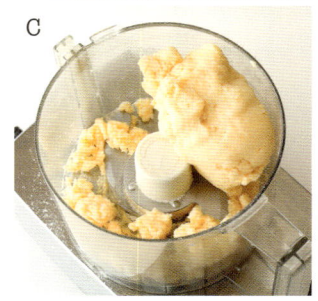

D

Muffin

マフィン

プレーンはもちろん、ブルーベリーや煮リンゴ
チョコチップやナッツなど、好きなものをトッピングしても楽しめます。

[材料／直径 8 ㎝ 6 個分]

バター	50g
グラニュー糖	50g
卵	1個
A 薄力粉	100g
A コーンスターチ	10g
A ベーキングパウダー	3g
ヨーグルト（無糖）	15g
牛乳	20g

使用した型／アルミ
菊型4号

[下準備]

・バターを室温に戻す。
・卵をよく溶く。
・Aを合わせてふるう。

[作り方]

1 バターとグラニュー糖を白っぽくなるまですり混ぜる。

> オーブンの場合 180℃で予熱する。

2 卵を少しずつ加え、その都度よく混ぜる。（写真A）

3 粉類を1/3入れ、混ぜ合わせる。（写真B）

4 ヨーグルトと牛乳を入れて混ぜ、残りの粉類を加えて混ぜる。（写真C）
　✿トースターを180℃で予熱する。

5 生地を絞り袋に入れて袋の先1㎝をカットし、アルミカップに入れて、180℃で25分焼く。（写真D）

> オーブンの場合 180℃で20分焼く。

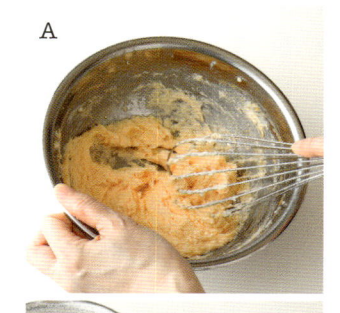

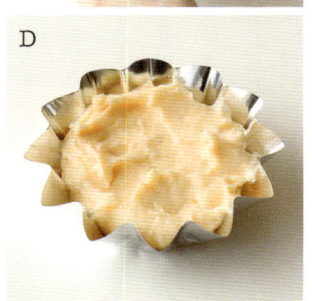

Brownie

ブラウニー

アメリカ生まれのずっしりと濃厚なチョコレートケーキ。
オレンジピールやクランベリー、ピスタチオなどを入れてもおいしいです。

［ 材料／13×11cm ］

A ┌ チョコレート ⋯⋯ 65g
　└ バター ⋯⋯⋯⋯⋯ 40g
グラニュー糖 ⋯⋯⋯⋯ 60g
卵 ⋯⋯⋯⋯⋯⋯⋯⋯ 1個
牛乳 ⋯⋯⋯⋯⋯ 5g（小さじ1）

クルミ ⋯⋯⋯⋯⋯⋯⋯ 25g
B ┌ 薄力粉 ⋯⋯⋯⋯⋯ 30g
　│ ココア ⋯⋯⋯⋯⋯ 8g
　└ ベーキングパウダー ⋯ 小さじ1/4

［ 下準備 ］

・耐熱容器に入れてラップをし、500Wのレンジで
　40秒加熱を数回繰り返して溶かす。
・Bを合わせてふるう。
・卵をよく溶く。
・クルミは160℃で8分焼き、粗く刻む。
・型にアルミホイルを敷く。

［ 作り方 ］

1 Aにグラニュー糖を加え、ホイッパーでよく混ぜる。

　┌ オーブンの場合 190℃で予熱する。 ┐

2 卵と牛乳を2〜3回に分けて加え、混ぜ合わせる。
　クルミの2/3量を加え、ざっくり混ぜる。（写真A）

3 Bを加えて粉気がなくなるまで混ぜる。（写真B）
　✤トースターを190℃で予熱する。

4 型（大きい場合はアルミホイルを詰めて調整する）に
　流し入れ、残りのクルミを生地の上に散らす。（写真C）

5 190℃で20〜25分焼き、粗熱がとれたら切り分ける。

　┌ オーブンの場合 190℃で20〜25分焼く。 ┐

A

B

C

Madeleine & Financier

マドレーヌ

ふわっとした軽い食感や
卵のやさしい風味を楽しんで。

Tips

溶かしバターが
冷たいと焼き上がりが
固くなるので、
熱い状態
（60℃くらい）で
入れてください。

[材料／長さ10㎝ 3個分]

A ┌ 薄力粉 ……………… 50g
　└ ベーキングパウダー …… 小さじ1/8
グラニュー糖 ……………… 50g
卵 ………………………… 1個
バター …………………… 50g
アーモンドスライス ……… 適量

使用した型／アルミ
箔マドレーヌ型
（船）10㎝

[下準備]

・Aを合わせてふるう。
・バターを耐熱容器に入れてラップをし、
　500Wのレンジで20秒加熱を
　数回繰り返して溶かす。
・卵をよく溶く。

[作り方]

1 Aの粉類とグラニュー糖をホイッパーで混ぜ
　合わせる。（写真A）

　　オーブンの場合 180℃で予熱する。

2 卵を2〜3回に分けて加え、都度よく混ぜる。

3 溶かしバターを入れ、混ぜ合わせる。（写真B）
　✦トースターを180℃で予熱する。

4 生地を絞り袋に入れて袋の先1㎝をカットし、
　型の8分目まで絞り入れ、アーモンドスライ
　スを散らす。（写真C）

5 180℃で17〜20分焼く。

　　オーブンの場合 180℃で15〜20分焼く。

A

B

C

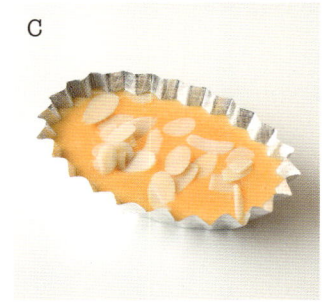

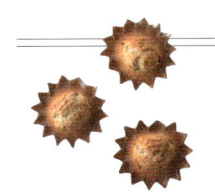

フィナンシェ

アーモンドプードルの香ばしさ
焦がしバターの風味が特徴。

[材料／直径 6 cm 高さ4.5cm 6個分]

バター ……………………… 50g
グラニュー糖 …………………… 40g
アーモンドプードル …………… 25g
卵白 ……………………………… 50g
はちみつ ………………………… 10g
A ┌ 薄力粉 ………………………… 30g
　└ ベーキングパウダー …… 小さじ1/4

使用した型／アルミ
菊型2号

[下準備]

・Aをあわせてふるう。

[作り方]

1 焦がしバターを作る。小鍋にバターを入れ、
中火にかける。鍋が入る大きさのボウルに水
をはっておく。(写真A)

2 バターが溶けたら中弱火にする。(写真B)

3 小さな泡が出てきたら、上がってくる泡を消
すように鍋を回しながら少しずつ焦がす。
(写真C)

4 泡が消え、写真のような濃い焦げ茶色になっ
たら火から下ろし、鍋底を水につけて冷ます。
(写真D)

※水が熱湯になって跳ねることがあるので注意してください。

A

B

C
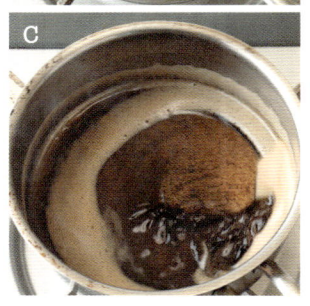

D

5 生地を作る。
ボウルにグラニュー糖・アーモンドプードル
を入れてよく混ぜ合わせる。

6 卵白を2～3回に分けて入れ、ホイッパーで
切るように混ぜる。(写真E) はちみつを耐熱
容器に入れてラップをし、500Wのレンジで
20秒加熱して加え混ぜる。

オーブンの場合 250℃で予熱する。

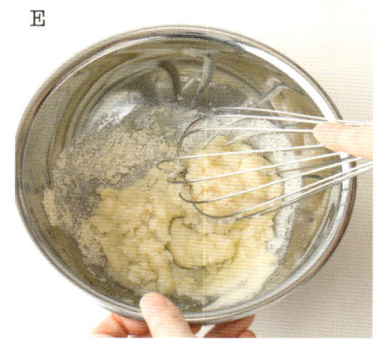
E

7 Aの粉類を加え、ゴムベラで混ぜ合わせる。
(写真F)

8 4の焦がしバターを、鍋底のカスが入らない
ように加え、ツヤが出るまでしっかり混ぜる。
(写真G)
✤トースターを250℃で予熱する。

F

9 絞り袋に入れ、型の8分目まで絞り入れる。
(写真H)

10 180℃で6分焼き、160℃に下げて8分焼く。

オーブンの場合 180℃で6分焼き、
160℃に下げて8分焼く。

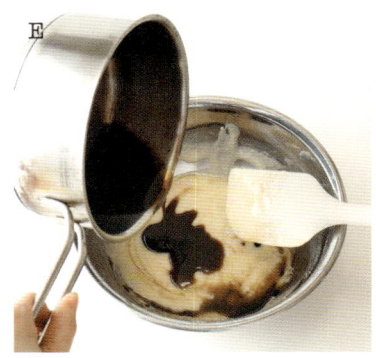
E

Tips

焦がしバターを作るときは
泡が出てきても慌てないで、
ゆっくり鍋を回しながら
焦がしていきましょう。

F

Biscotti

Granola Bar

ビスコッティ

二度焼きでザクザクの歯ごたえに。
カフェオレに浸しても、アイスに添えても。

[材料／6×10cm 7〜8枚分]

A	薄力粉	35g
	強力粉	15g
	ベーキングパウダー	小さじ1/4
	ココナッツパウダー	10g
	砂糖	25g
卵		25g
アーモンド		20g
オレンジピール		10g
レモンピール		10g

[下準備]

・Aの薄力粉・強力粉・
　ベーキングパウダーを合わせてふるい、
　ほかの粉類と混ぜ合わせる。
・卵をよく溶く。

[作り方]

1 Aに卵を加え、ゴムベラで混ぜ合わせる。(写
　真A)

> オーブンの場合 190℃で予熱する。

2 アーモンド・オレンジピール・レモンピール
　を加え、ざっくり混ぜる。(写真B)
　✤ トースターを190℃で予熱する。

3 アルミホイルの上にのせ、ナマコ形にととの
　える。(写真C)

A

B
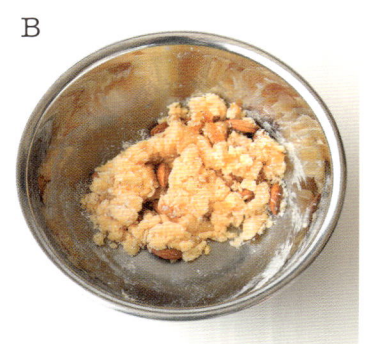

C

4 190℃で20〜30分、うっすら焼き色がつくまで焼く。（写真D）

> オーブンの場合 190℃で20〜30分焼く。

5 トースターから取り出し、1cm幅にカットする。（写真E）

6 アルミホイルを敷いたトレーに並べ、170℃で10分焼く。（写真F）

7 トースターから取り出し、ひっくり返して170℃でもう5分焼く。（写真G）

> オーブンの場合 160℃で10分焼き、
> ひっくり返して160℃で5分焼く。

D

E

F

G

Tips

カットするときは包丁を
一気に入れるのではなく、
ゆっくり入れると
くずれずきれいに切れます。
具はお好みのナッツやチョコレート、
ドライフルーツなど、
好きな組み合わせで作ってもOK。

グラノーラバー

お好みのドライフルーツやナッツで。
押し麦の半量をオートミールに変えても。

[材料／10×14cm（高さ2.5cm）]

押し麦		100g
オリーブオイル		10g
ハチミツ		10g
A	クルミ	15g
	アーモンド	15g
B	パンプキンシード	10g
	ココナッツファイン	30g
	マシュマロ	25g
C	クランベリー	15g
	サルタナレーズン	15g
	グリーンレーズン	15g

[下準備]

・ナッツは5mm角にカットする。
・トレーにアルミホイルを敷き、
アルミホイルの端を立てておく。
✤トースターを170℃で予熱する。

オーブンの場合
180℃で予熱する。

A

[作り方]

1 ボウルに押し麦とオリーブオイルを入れて混ぜ、ハチミツを加えよく混ぜたら、アルミホイルに広げて170℃で10分焼く。

　オーブンの場合 180℃で10分焼く。

B

2 Aを加えて170℃のまま5分焼き、Bをのせてさらに4分焼く。（写真A）

　オーブンの場合 180℃で5分焼き、さらに4分焼く。

3 大きめのボウルに移し、Cを加え混ぜ合わせる。（写真B）

C

4 アルミホイルにのせ、16×13cmの長方形になるよう押し固める。（写真C）

5 アルミホイルでしっかり包んで冷蔵庫で30分休ませ、食べやすい大きさに切る。（写真D）

D

Gâteau Basque

ガトーバスク

フランス　バスク地方の伝統的菓子。少し手間はかかりますが、
できあがったら「これがトースターで作れるなんて！」と嬉しくなるはず！

[材料／直径12㎝×高さ４㎝　１個分]

カスタードクリーム

牛乳	100g
卵黄	1個分
グラニュー糖	25g

A ［ 薄力粉 12g
　 アーモンドプードル 12g

バター	5g
ラム酒（あれば）	3g（小さじ1/2）

生地

バター	50g
粉糖	30g
塩	小さじ1/8
卵	35g

＊全卵１個分をよく溶いて量り、残りは塗る用に使います。

B ［ 薄力粉 75g
　 アーモンドプードル 20g

[下準備]

・Bの薄力粉をふるい、
　アーモンドプードルと混ぜ合わせる。
・生地用の卵をよく溶く。
・生地用のバターを室温に戻す。

A

B

C

[作り方]

1 カスタードクリームを作る。鍋に牛乳を入れ
　て中火にかけ、沸騰直前まで温めて火を止める。

2 ボウルに卵黄とグラニュー糖を入れてよく混
　ぜ、Aを加えて粉気がなくなるまで混ぜる。
　（写真A）

3 1の牛乳の1/3を入れて混ぜ、残りを加えて
　しっかり混ぜる。（写真B）

4 鍋に戻し、混ぜながら中火にかけて、沸騰し
　てからさらに２分炊く。（写真C）

5 火からおろしてバターを混ぜ、ボウルに移し
　ラップをかけて冷やす。冷やすのは保冷剤を
　使ってもOK。（写真D）

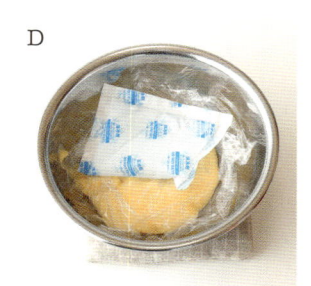

6 冷めたらゴムベラでこしを切り、ラム酒を加
　える。

7 生地を作り、成形する。
　バターに粉糖と塩を加えて白っぽくなるまで
　まぜ、卵を数回に分けて加えてその都度よく
　混ぜ合わせる。

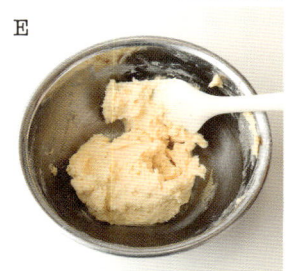

8 Bを加えてゴムベラで混ぜ合わせる。（写真E）

9 絞り袋に入れて袋の先1cmをカットし、型の
　底に中心から渦巻き状に絞り出す。（写真F）

10 側面に3〜4段絞り出す。（写真G）

11 スパチュラで押さえるようにして表面をなら
　し、冷蔵庫で15分ほど冷やす。（写真H）

Tips

型は100円ショップの
DAISO（ダイソー）で購入した
「アルミタレ皿（13.5cm×H4cm）」を
使用しています。
p.91のチェリークラフティにも
使えます。

12 冷えたら6のカスタードクリームを入れて平らにならす。(写真I)

> オーブンの場合180℃で予熱する。

I

13 残りの生地を中心からうず巻き状に絞り出し、表面を平らにならす。冷蔵庫で15分冷やす。(写真J)
✦冷蔵庫から出す前に、トースターを190℃で予熱する。

J

14 生地の残りの溶き卵を2度塗りし、フォークで模様を描く。(写真K)

K

15 190℃で25分焼き、茶色く色づいたら型にアルミホイルを敷いたトレーをかぶせて逆さに出す。(写真L)

> オーブンの場合180℃で30分焼く。

L

16 全体が薄く色づくまで190℃で10〜15分焼く。(写真M)

> オーブンの場合180℃で10分焼く。

M

Tips

しっかり冷蔵庫で生地を休ませてから、
次の工程に進みましょう。
中に缶詰のダークチェリーを
入れるのもおすすめです。

Part 3

誰かと
一緒に食べたい
小さなケーキ

Lemon Cake

Baked Cheese Cake

レモンケーキ

やさしい甘さのケーキに隠れたレモンピールに
さわやかな酸味のアイシングが口の中で溶け合います。

[材料／10×13cm]

卵		1個
グラニュー糖		40g
A	薄力粉	50g
	ベーキングパウダー	小さじ1/4
バター		50g
レモンピール		30g
アイシング		
粉糖		50g
レモン汁		20g
ピスタチオ（あれば）		適量

[下準備]

・Aを合わせてふるう。
・バターを耐熱容器に入れてラップをし、
　500Wのレンジで20秒加熱を
　数回繰り返して溶かす。
・型にアルミホイルを敷く。

[作り方]

1　ボウルに卵とグラニュー糖を入れ、ハンドミ
　キサーでもったりするまで泡立てる。（写真A）

　オーブンの場合170℃で予熱する。

2　Aを加え、ゴムベラで混ぜ合わせる。（写真B）

3　溶かしバターを熱いくらい（約60℃）まで
　温めて加え、ツヤが出るまでしっかり混ぜ合
　わせる。（写真C）

A

B

C
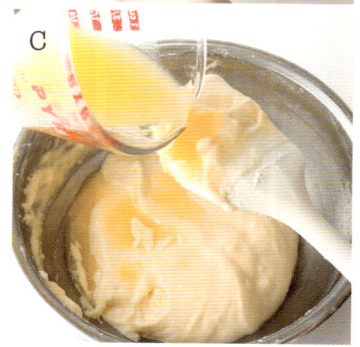

4 レモンピールを加えてざっくり混ぜる。(写真D)
✦ トースターを170℃で予熱する。

5 型に入れて表面をならし、170℃で15分焼く。
(写真E)

> オーブンの場合170℃で15分焼く。

6 アイシングを作る。
粉糖に分量のレモン汁のうち小さじ1を加え
よく混ぜる。レモン汁を少しずつ加えながら、
ゆっくり流れ落ちるくらいの固さになるまで
調整する。(写真F)

7 ケーキが冷めたら好きな形にカットし、6の
アイシングをかける。(写真G)

8 あれば刻んだピスタチオをトッピングする。
(写真H)

Tips

アイシングのレモン汁は、
全部を入れず少しずつ加えて
混ぜましょう。

ベイクドチーズケーキ

混ぜて焼くだけの簡単ケーキ
濃厚なのに爽やかな味わい。

[材料／14×18cm]

クリームチーズ	100g
砂糖	40g

 ＊20gをクリームチーズと、20gを卵白と混ぜるのに使用。

バター	10g
卵	1個
レモン汁	5g（小さじ1）
生クリーム	75g
薄力粉	18g

[下準備]

・クリームチーズは室温に戻し、
　指で簡単に押せるくらい
　柔らかくしておく。
・バターを耐熱容器に入れてラップをし、
　500Wのレンジで20秒加熱を
　数回繰り返して溶かす。
・卵は卵黄と卵白に分ける。
・薄力粉をふるう。
・型にアルミホイルを敷く。

[作り方]

A

1 クリームチーズに砂糖の1/2量を加え、
　ホイッパーでしっかり混ぜる。（写真A）

　オーブンの場合 180℃で予熱する。

B

2 溶かしバター、卵黄、レモン汁、生クリ
　ームの順に加え、その都度よく混ぜる。
　（写真B）

3 別のボウルに卵白と残りの砂糖を入れ、ハンドミキサーで角が立つまで泡立てる。

4 2のボウルに薄力粉を加え、ざっくり混ぜる。（写真C）

5 泡立てた卵白の1/3量を加え、ホイッパーでざっくり混ぜる。（写真D）

6 残りの卵白を加え、ゴムベラで混ぜ合わせる。（写真E）
　✦トースターを180℃で予熱する。

7 型に入れ、ゴムベラで表面をならして空気を抜き、180℃で30分焼く。（写真F）

　オーブンの場合 180℃で25〜30分焼く。

8 焼き上がったら型に入れたまま冷まし、冷めたら好きな形にカットする。

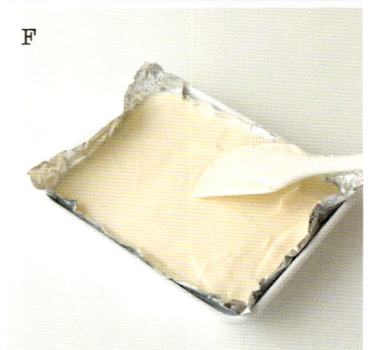

Banana Cake

バナナケーキ

バナナのやさしい甘味と
アーモンドの香りが口いっぱいに広がります。

［ 材料／直径10cm 4個分 ］

卵	1個
砂糖	30g
A	薄力粉 …… 35g
	コーンスターチ …… 10g
	アーモンドプードル …… 15g
バター	20g
バナナ	1本
クルミ	20g
ブランデー（あれば）	10g

［ 下準備 ］

・Aの薄力粉とコーンスターチを合わせて
　ふるい、アーモンドプードルと混ぜ合わせる。
・バターを耐熱容器に入れてラップをし、
　500Wのレンジで20秒加熱を数回繰り返して溶かす。
・クルミを160℃で8分焼き、細かくカットする。
・バナナをフォークで潰してピュレ状にする。

使用した型／アル
ミマドレーヌ7号

［ 作り方 ］

A

1 ボウルに卵と砂糖を入れ、ハンドミキサーでもっ
たりするまで撹拌する。（写真A）

　オーブンの場合170℃で予熱する。

2 Aの粉類を加え、ゴムベラでよく混ぜ合わせる。

B

3 溶かしバターを熱いくらい（約60℃）まで温め
てを加え、ツヤが出るまでしっかり混ぜ合わせる。
（写真B）

4 バナナとクルミを加えて、ざっくり混ぜたらブラ
ンデーを加え軽く混ぜる。
＋トースターを170℃で予熱する。

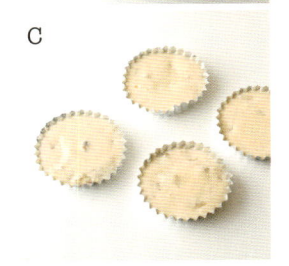
C

5 絞り袋に入れて袋の先1cmをカットし、アルミカ
ップに絞り出して170℃で20分焼く。（写真C）

　オーブンの場合170℃で20分焼く。

Almond Cake

アーモンドケーキ

アーモンドがたっぷりの香ばしいケーキ。
12cmの丸型で作るとさらにふかふかに！

Tips

卵はボテッと塊が
落ちるくらいまで
泡立てるのが、
ふかふかに
仕上げるコツ。

[材料／直径10cm 4個分]

卵	…………………	1個
グラニュー糖	…………	50g
A	薄力粉 …………	35g
	アーモンドプードル …	15g
バター	…………………	20g
生クリーム	……………	30g
アーモンドスライス	………	適量

[下準備]

・Aの薄力粉をふるい、
　アーモンドプードルと混ぜ合わせる。
・バターを耐熱容器に入れてラップをし、
　500Wのレンジで20秒加熱を数回繰り返して溶かす。
・アルミカップにアーモンドスライスを散らす。

使用した型／アル
ミマドレーヌ7号

[作り方]

1 ボウルに卵とグラニュー糖を入れ、ハンドミ
キサーでもったりするまで泡立てる。

> オーブンの場合170℃で予熱する。

A

2 薄力粉とアーモンドプードルを加え、ゴムベ
ラでよく混ぜる。（写真A）

3 溶かしバターを熱いくらい（約60℃）まで
温めて生クリームを混ぜて**2**に加え、ツヤが
出るまでしっかり混ぜ合わせる。（写真B）
✚トースターを170℃で予熱する。

B

4 絞り袋に入れて袋の先1cmをカットし、アル
ミカップに絞り出してアーモンドスライスを
散らす。（写真C）

C

5 170℃で20分焼く。

> オーブンの場合170℃で20分で焼く。

Omelette

Gâteau au Chocolat

オムレット

片手サイズの小さなケーキ。
季節のフルーツをサンドして。

[材料／直径9.5cm 4個分]

卵 ·································· 1個
砂糖 ······························ 20g
　＊10gを卵黄と、10gを卵白と混ぜるのに使用。

A ┌ 薄力粉 ··················· 18g
　└ コーンスターチ ········· 10g

クリーム
┌ 生クリーム ··············· 80g
│ 砂糖 ······················ 15g
└ ラム酒（あれば） ········· 5g（小さじ1）

バナナ ··························· 1/2本

[下準備]

・Aを合わせてふるう。
・卵を卵黄と卵白に分ける。
・トレーにアルミホイルを敷く。

[作り方]

1 卵黄に砂糖の1/2量を加え、よく混ぜる。（写真A）

　　オーブンの場合 170℃で予熱する。

2 卵白に残りの砂糖を入れ、ハンドミキサーで
　ピンとツノが立つくらいまでしっかり泡立て
　てメレンゲを作る。（写真B）

3 1にAを入れてゴムベラでざっくり混ぜ、メ
　レンゲの1/2量を加える。（写真C）

4 メレンゲの泡をつぶさないように混ぜ、残り
　のメレンゲも加えて混ぜる。（写真D）
　✦トースターを170℃で予熱する。

A
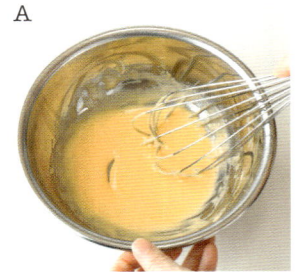

B

C

D

5 絞り出し袋に入れて袋の先1㎝をカットし、直径10㎝の円形に中心から絞り出す。（写真E）

6 170℃で10〜12分焼く。生地の周りが焦げると割れやすくなるので、ふちが薄いきつね色になったらトースターから出す。

   オーブンの場合170℃で10分焼く。

7 粗熱が取れたらアルミホイルからはがし、固く絞ったぬれ布巾の上に表面を下にしておく。（写真F）冷めたら軽く2つに折りにする。

8 バナナをスライスして分量外のレモン汁をかける。氷水につけたボウルにクリームの材料を入れ、軽くツノが立つまで泡立てる。（写真G）

9 絞り袋に入れて袋の先1㎝をカットし、生地の片側に絞り出す。（写真H）

10 スライスしたバナナをのせて挟む。（写真I）

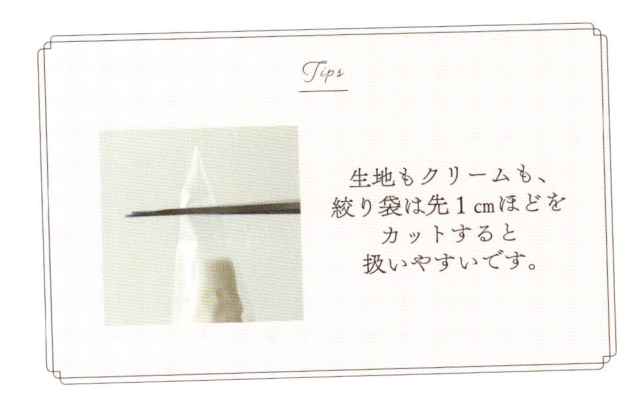

Tips

生地もクリームも、絞り袋は先1㎝ほどをカットすると扱いやすいです。

ガトーショコラ

甘さ控えめの生地は、しっかり混ぜるとチョコの味が濃厚に、
ざっくり混ぜると生地がふかふかに。食感の違いを楽しんでみて。

[材料／直径10cm　3個分]

卵		1個
砂糖		23g
A	薄力粉	10g
	ココア	8g
B	チョコレート	20g
	バター	16g
生クリーム		15g
チョコレート		10g

使用した型／アルミマドレーヌ7号

[下準備]

・Aを合わせてふるう。
・Bを耐熱容器に入れてラップをし、
　500Wのレンジで40秒加熱を
　数回繰り返して溶かす。
・チョコレート10gは5〜8mm角にカットする。

A

[作り方]

1　ボウルに卵と砂糖を入れ、もったりする
　　まで泡立てる。(写真A)

　　オーブンの場合170℃で予熱する。

2　Aの粉類を加え、ゴムベラでよく混ぜる。
　　(写真B)

B

3 溶かしたB（冷めていたら熱いくらい（約60℃）までレンジで少しずつ温める）に生クリームを入れて混ぜる。（写真C）

C

4 Bに2の生地を少し入れてよく混ぜ、生地に戻し入れて混ぜ合わせる。（写真D）

5 チョコレートを加えてざっくり混ぜる。（写真E）
  ✤トースターを170℃で予熱する。

D

6 アルミカップに入れ、170℃で12〜14分焼く。（写真F）

オーブンの場合 170℃で13〜15分焼く。

E

Tips

バターとチョコレートを
60℃くらいにしておくことで、
ふんわりした仕上がりになります。
竹串をさして、
少し生地がつくくらいが焼き上がり。

F

Swiss Roll

Japanes Roll Cake

ふわふわロールケーキ

口の中でとろけるような
ふわふわのロールケーキ。

[材料／直径6cm 長さ14cm 1本分]

卵		1個
グラニュー糖		25g
A	薄力粉	12g
	コーンスターチ	3g

クリーム

	生クリーム	80g
	グラニュー糖	7g

好みのフルーツ ……………………… 適量

　＊缶詰の黄桃（半割）1個、キウイ1/2個、など

[下準備]

・Aを合わせてふるう。
・バット（15×20×1cm）にアルミホイルを敷く。
　＊ちょうどいい型がない場合は、アルミホイルで調整します。

[作り方]

1 ボウルに卵とグラニュー糖を入れ、ハンドミキサーでもったりするまで泡立てる。（写真A）

　オーブンの場合180℃で予熱する。

A

2 Aの粉類を加え、ゴムベラで混ぜ合わせる。（写真B）
　＊トースターを180℃で予熱する。

B

3 バットに流し入れて表面をならし、テーブルの数cm上から軽く落として生地の空気を抜く。（写真C,D）

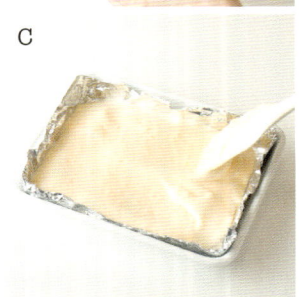

C

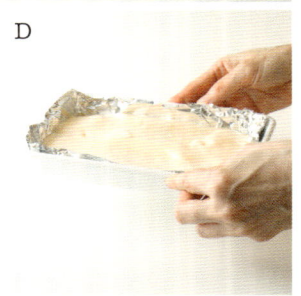

D

4 180℃で9分焼き、焼けたら型から出して冷ます。

> オーブンの場合180℃で8分焼く。

5 粗熱が取れたらアルミホイルをはがし、ラップをかけておく。フルーツを食べやすい大きさにカットする。

6 氷水につけたボウルに生クリームとグラニュー糖を入れ、ハンドミキサーでしっかりとしたツノが立つまで泡立てる。

7 ラップの上に5の生地を焼き色のついている面を上にしてのせ、生クリームを塗りフルーツを並べる。（写真E）

8 手前から巻き、巻き終わりをきゅっと整える。ここでしっかりおいておくのがきれいに仕上げるコツ。（写真F,G）

9 側面もきれいにならす。（写真H）

10 巻き終わりを下にしてラップで包み、冷蔵庫で30分休ませて好みの大きさにカットする。（写真I）

E

F

G

H

I

Tips

粉はやさしく混ぜすぎないように。
フルーツは全体に散らしてもOKです。
写真のように横2列に並べる場合は、
フルーツの間に生クリームを
多めにのせると巻いたときに
フルーツが中心にきます。

きなこと栗餡のロールケーキ

たまには和風のロールケーキと
緑茶でティータイムはいかが？

[材料／直径5cm 長さ14cm 1本分]

卵	1個
グラニュー糖	25g
A 薄力粉	20g
きなこ	5g
サラダ油	8g
こしあん	50g
牛乳	5g
クリーム	
生クリーム	100g
グラニュー糖	10g
栗の甘露煮	3粒

[下準備]

・Aを合わせてふるう。
・バット（15×20×1cm）にアルミホイルを敷く。
　＊ちょうどいい型がない場合は、アルミホイルで調整します。

[作り方]

1 ボウルに卵とグラニュー糖を入れ、ハンドミキサーでもったりするまで泡立てる。（写真A）

　オーブンの場合180℃で予熱する。

2 Aの粉類を加え、ゴムベラで混ぜる。（写真B）

3 サラダ油を耐熱容器に入れてラップをし、500Wのレンジで20秒加熱を数回繰り返して温める。温めたサラダ油をゴムベラをつたってたらすように生地に加え、混ぜ合わせる。（写真C）

A
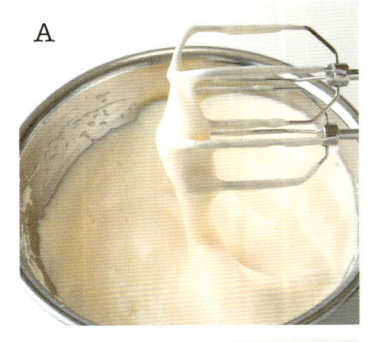

B
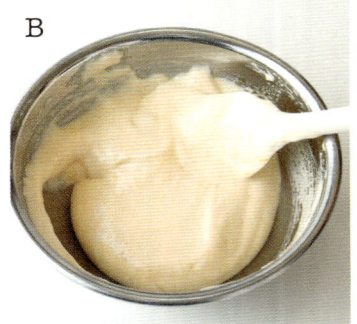

C

4 バットに流し入れて表面をならし、テーブルの数cm上から軽く落として生地の空気を抜いて180℃で9分焼く。（写真D）

> オーブンの場合180℃で8分焼く。

5 型から出して冷まし、粗熱が取れたらアルミホイルをはがしてラップをかけておく。

6 栗の甘露煮を4等分にカットする。ラップの上に5の生地を焼き色のついている面を上にしてのせ、こしあんと牛乳を混ぜて伸ばす。（写真E）

7 氷水につけたボウルに生クリームとグラニュー糖を入れ、ハンドミキサーでしっかりとしたツノが立つまで泡立てる。

8 あんこのうえに生クリームを伸ばし、栗の甘露煮を散らす。（写真F）

9 手前から巻き、巻き終わりを下にしてラップで包む。（写真G,H）

10 冷蔵庫で30分休ませ、好みの大きさにカットする。

Tips

スパチュラがある場合は、クリームを伸ばしたり巻くときに押さえたりするのに使うときれいに仕上がります。

Apple and Black Tea Roll Cake

りんごと紅茶のロールケーキ

りんごと紅茶の香りのハーモニー。りんごのキャラメリゼは
角切りで作ってマフィンやスコーンに入れてもおいしいです。

[材料／直径6cm 長さ14cm 1本分]

卵 ……………………… 1個	
グラニュー糖 …………… 25g	
A [薄力粉 …………… 20g	
コーンスターチ …… 3g	
アールグレイ茶葉 ……… 1g	
ミルクティ ……………… 10g	

　　*下準備を参照

リンゴのキャラメリゼ
　リンゴ …………… 1/2個
　グラニュー糖 …… 15g
　バター …………… 5g
　ラム酒（あれば）
　　………… 3g（小さじ1/2）

クリーム
　生クリーム ……… 100g
　グラニュー糖 …… 6g

[下準備]

・生地用のミルクティを作る（作りやすい分量）。
　1 鍋に牛乳50gを入れ沸騰直前まで温める。
　2 茶葉大さじ1と1/2を入れ、1〜2分煮出す。
　3 茶こしで濾し、10gをとりわける。
・Aを合わせてふるう。
・バット（15×20×1cm）にアルミホイルを敷く。
　　*ちょうどいい型がない場合は、アルミホイルで調整します。

A

[作り方]

1 ボウルに卵とグラニュー糖を入れ、ハンドミ
　キサーでもったりするまで泡立てる。

　　オーブンの場合180℃で予熱する。

B

2 Aとアールグレイ茶葉を加え、ゴムベラで混
　ぜる。（写真A）

3 ミルクティを加え、混ぜる。（写真B）
　✦トースターを180℃で予熱する。

C

4 バットに流し入れて表面をならし、テーブル
　の数cm上から軽く落として生地の空気を抜い
　て180℃で9分焼く。（写真C）

　　オーブンの場合180℃で8分焼く。

5 型から出して冷まし、粗熱が取れたらアルミホイルをはがしてラップをかけておく。

6 りんごのキャラメリゼを作る。リンゴは皮をむいて芯をとり、1cmのスティック状に切る。

7 フライパンにグラニュー糖を入れ、中火にかける。(写真D)

8 きつね色になったらバターを加える。(写真E)

9 りんごを加えて炒め、周りが柔らかくなったらラム酒を加える。(写真F)

10 バットにあけて冷ます。(写真G)

11 氷水につけたボウルに生クリームとグラニュー糖を入れ、ハンドミキサーでしっかりとしたツノが立つまで泡立てる。

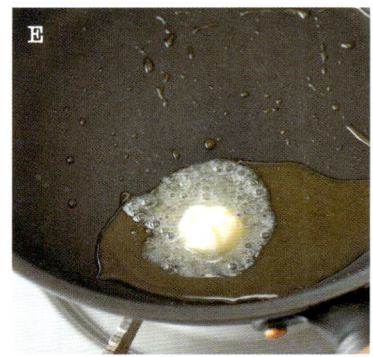

G

H

I

12 ラップの上に5の生地を焼き色のついている面を上にしてのせ、生クリームを手前が多めになるように全体に伸ばす。(写真H)

13 りんごのキャラメリゼを2列に並べる。(写真I)

14 クリームがあふれないよう気をつけながら手前から巻き、巻き終わりを下にしてラップで包む。(写真J)

15 冷蔵庫で30分休ませ、お好みの大きさにカットする。(写真K)

J

K

Tips

紅茶の茶葉は
細かいものがおすすめ。
生クリームにも茶葉を入れれば、
もっと濃厚な紅茶味になります。

Cherry Clafoutis

チェリークラフティ

フランスの家庭的な伝統菓子。
しっかり冷やすとさらにサクッと。

[材料／直径10cm 1個分]

タルト生地

A	準強力粉	80g
	粉糖	8g
	塩	小さじ1/8

バター 50g
卵 12g
水 12g

溶き卵（塗る用）… 適量

フィリング

卵 40g
グラニュー糖 30g
薄力粉 8g
サワークリーム 50g
牛乳 20g
キルシュ（あれば）… 5g（小さじ1）

ダークチェリー 適量

使用した型／アルミタレ皿（13.5cm×H4cm）DAISO（ダイソー）

[下準備]

・バターは1cm角にカットし、
　冷凍庫に入れておく。

[作り方]

1 タルト生地を作る。フードプロセッサーにA
　を入れ、撹拌する。フードプロセッサーが無
　い場合はp.9を参考にして生地を作る。

2 バターを入れ、粉チーズ状になるまで撹拌す
　る。（写真A）

3 卵と水を少しずつ加え、塊になったら止める。
　（写真B）

4 ラップに包んで厚さ1cmの円形にし、冷凍庫
　で30分休ませる。（写真C）

　オーブンの場合 冷凍庫から出す20分前に
　180℃で予熱する。

A

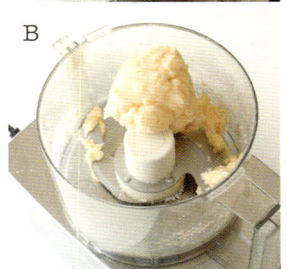

B

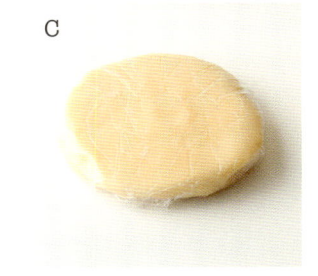

C

5 型より大きめにめん棒で伸ばし、フォークで穴をあける（ピケ）。（写真D）
✦トースターを190℃で予熱する。

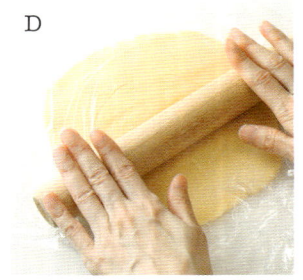
D

6 型に敷き、側面にも生地を沿わせる。（写真E）

7 余分な生地を取り除く。（写真F）

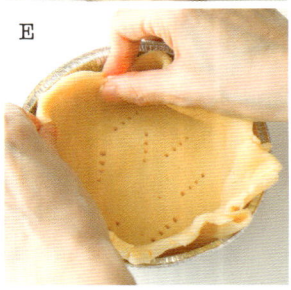
E

8 アルミホイルに包んだ重石をのせ、190℃で10分焼く。（写真G）

オーブンの場合180℃で10分焼く。

F

9 アルミホイルごと重石を取り、190℃で8分焼く。（写真H）

オーブンの場合180℃で8分焼く。

G

Tips

重石はタルトストーンか
100円ショップで売っている
園芸用や水槽用の小石などでも代用できます。
重石を取るときは熱いので
必ず軍手などをしましょう。

H

10 焼き上がったら熱いうちに塗る用の溶き卵を塗る。（写真I）

> オーブンの場合180℃で予熱する。

I

11 ボウルにフィリングの材料を上から順に入れ、その都度しっかり混ぜ合わせる。（写真J）
✦トースターを180℃で予熱する。

J

12 フィリングが混ざったら**10**の生地に流し入れ、ダークチェリーをのせる。（写真K,L）

K

13 180℃で20分焼く。

> オーブンの場合180℃で20分焼く。

14 焼けたら完全に冷ましてから、型の底をそっと押して取り出す。

L

Tips

タルト生地を作らず、
フィリングとダークチェリーを
ココット型に入れて
焼くだけでも作れます。
その場合はスプーンで食べる
プディング風のデザートに。

Tips

余ったダークチェリーは
ジップロックなどに入れて
冷凍保存することもできます。
p.60のガトーバスクに入れるのも
おすすめです。

M

おわりに

私たちにとってお菓子は特別なものでもあり、身近なものでもあります。
お誕生日やクリスマスのデコレーションケーキやバレンタインデーの高級チョコレート、誰かからのお土産などは特別なお菓子でしょうか。

3時のおやつとお仕事や勉強の合間のブレイクタイムは身近なお菓子かな。
普段の身近なお菓子も、ピクニックのときだと特別になるかもしれませんね。

手作りのお菓子はどっちだろう。
そんなに頻繁に作るものでないから、特別なものかもしません。
でも、もっともっと手軽に作れて、身近なものになってもらえたら嬉しいと思っています。

量が少ないから手軽に短時間で作れるお菓子を、本書にいっぱい揃えました。
会社から帰ってきたあと、子どもがお昼寝している間、テレビを見ながら……。
忙しい合間でもちょっとした時間で、楽しみながら作れるお菓子たちです。

今日は先輩にアドバイスしてもらったからお礼に……。
子どもがお友達のおうちに遊びに行くから、お菓子を持っていきたいって。
大切な人と一緒に、映画を見ながら食べたい。

そんなとき、突然でもあっという間に作れちゃうお菓子たち。
混ぜるだけの簡単なお菓子も、食べる人にとっては特別なお菓子になるはず。
作るほうも食べるほうも心が豊かになるのが、手作りお菓子の素敵なところです。

すぐに作れるオススメのお菓子は、アメリカンクッキーとゴマのチュイル。
たいていのおうちにあるもので作れちゃいます。

アメリカンクッキーのチョコチップがなければ、プレーンで作っちゃいましょう。
アーモンドを細かくカットして入れても良さそうですよね。

ゴマのチュイルは黒ゴマでも、白と黒のミックスでも美味しいです。
ゴマの量が足りなくても大丈夫。
卵白は、卵黄だけを使って余ったときに、ビニールに入れて冷凍しておきましょう。
使うときに解凍すればすぐ作れるし、卵白も無駄になりません。

マーブルクッキーやフール セック ショコラの生地を作って冷凍しておいて、必要なときに必要なだけをカットして焼いてもいいですよね。
簡単なラッピングをすれば、たとえ2枚だけでもちょっとおしゃれに変身。
ガレット・ブルトンヌの型抜きしたあとの残りの生地も、伸ばして冷凍しておけば、食べたいときにくり抜いてすぐ焼けちゃう。
自分で食べるなら、塗り卵は省いちゃいましょう。

どうですか？　手作りのお菓子がちょっと身近になったのではないでしょうか。
ちょっと難しそうかなというものは、時間のあるときに。
簡単そうなお菓子は食べたいときに。

この本がみなさんの笑顔いっぱいの心豊かな時間に、少しでもお役に立てますように……。

松尾　美香

松尾 美香（まつお・みか）

自家製酵母パン教室Orangerie主宰。大手・個人パンスクールに通ったあと、ル・コルドンブルーでディプロマを取得。その後さまざまなブーランジュリーのシェフに師事。 生徒数はのべ11,000人を超し、パン作りのオンラインスクール・通信講座は、日本だけでなく海外からの受講生が多数出るほど人気を誇る。またOrangerieのレシピを使った教室が国内外にある。
著書に『本格パン作り大全』（世界文化社）『日本一やさしい本格パン作りの教科書』『トースターで作れる！おうちで簡単本格パン』『トースターで作れる！簡単らくらく日々ごはん』（秀和システム）などがある。

STAFF

撮影　三浦英絵
スタイリング　宮沢史絵
デザイン・DTP　中山詳子（松本中山事務所）
アシスタント　植木智子　坂巻由季子　富田瞳子

製品協力
アイリスオーヤマ株式会社
シロカ株式会社
タイガー魔法瓶株式会社
日本エー・アイ・シー株式会社
バルミューダ株式会社
（五十音順）

材料協力
株式会社富澤商店
オンラインショップ　https://tomiz.com/
電話番号：0570-001919

トースターで作れる！食べきりサイズのお菓子

発行日	2024 年 12 月 3 日	第 1 版第 1 刷

著　者　松尾　美香

発行者　斉藤　和邦
発行所　株式会社　秀和システム
　　　　〒135-0016
　　　　東京都江東区東陽2-4-2 新宮ビル2階
　　　　Tel 03-6264-3105 （販売）Fax 03-6264-3094
印刷所　株式会社シナノ　　　　　　　　Printed in Japan

ISBN978-4-7980-7381-1 C0077